My First Chinese Reader

快乐儿童华语

VOLUME 2
第二册

www.BetterChinese.com

My First Chinese Reader

My First Chinese Reader Student Textbook - Volume 2
Simplified Chinese Characters

Founder: Li-hsiang Yu 虞丽翔
Publisher: Chi-kuo Shen 沈启国
Illustrations by Better World Ltd.
Published by Better World Ltd.
5 6 7 XLA 12 11 10

P. O. Box 695
Palo Alto, CA 94302, USA
Tel: +1-650-384-0902
Email: usa@betterchinese.com
Web: www.BetterChinese.com

Use this product with our Online Learning System at www.BetterChinese.com.

ISBN-13: 978-962-978-140-8
ISBN-10: 962-978-140-9

BetterChinese®

Contents

目录

Contents

目录

dì shí sān kè　tā xǐ huān hóng sè

第十三课　她喜欢红色

dì shí sān kè tā xǐ huān hóng sè

第十三课 她喜欢红色

dì shí sān kè tā xǐ huān hóng sè

第十三课 她喜欢红色

dì shí sān kè tā xǐ huān hóng sè
第十三课 她喜欢红色

shì shì kàn
试试看 Challenge

我今年上五年级，我的中文老师是李老师。李老师很喜欢白色，她的教室很大，学生很多。她天天吃很多水果，喝很多果汁。她住在公园路。

dú yī dú
读一读

我的教室有很多颜色，白板是白色，桌子和椅子是咖啡色，老师有红色、绿色、蓝色和黑色的笔。王小文有红色的书包，白大卫有蓝色的书包，李大中有黄色的书包，我的书包是黑色的，我喜欢黑色。

jù xíng
句型

你喜欢什么颜色？
What color do you like?

她喜欢什么颜色？
What color does she like?

王老师喜欢什么颜色？
What color does Teacher WANG like?

我喜欢蓝色。
I like blue.

她喜欢红色。
She likes red.

她喜欢咖啡色。
She likes brown.

dì shí sān kè tā xǐ huān hóng sè
第十三课 她喜欢红色

桌子是什么颜色？ What color is the desk?	桌子是咖啡色。 The desk is brown.
你喜欢不喜欢蓝色？ Do you like blue or not?	我不喜欢蓝色。 I do not like blue.
你喜欢不喜欢蓝色的书包？ Do you like the blue backpack or not?	我不喜欢蓝色的书包， 我喜欢黄色的书包。 I do not like the blue backpack. I like the yellow backpack.

你也喜欢绿色吗？ Do you also like green?	我也喜欢绿色， 我哥哥也喜欢绿色。 I also like green. My elder brother also likes green.
白老师也喜欢白色吗？ Does Teacher BAI also like white?	白老师不喜欢白色， 她喜欢黑色。 Teacher BAI does not like white. She likes black.

jù xíng liàn xí
句型练习

椅子是咖啡色。

铅笔、红 → ________________。

西瓜、绿 → ________________。

香蕉、黄 → ________________。

咖啡、咖啡 → ________________。

jù xíng liàn xí
句型练习

你喜欢蓝色吗？

你、红色 → ______________________？

你、咖啡色 → ______________________？

白大卫、白色 → ______________________？

妈妈、黑色 → ______________________？

你也喜欢吃葡萄吗？

他、喝可乐 → ______________________？

李校长、吃西瓜 → ______________________？

李大中、黄色 → ______________________？

你、住这里 → ______________________？

你喜欢不喜欢吃葡萄？

他、黑色 → ______________________？

王老师、喝咖啡 → ______________________？

王小文、学中文 → ______________________？

你、这个书包 → ______________________？

dì shí sān kè 第十三课 tā xǐ huān hóng sè 她喜欢红色

rèn dú zì cí 认读字词

颜色	yán sè	color
蓝	lán	blue
色	sè	color
红	hóng	red
黑	hēi	black
咖啡色	kā fēi sè	brown
有的	yǒu de	some
黄	huáng	yellow
绿	lǜ	green

xí xiě zì 习写字

红 hóng red

黄 huáng yellow

绿 lǜ green

色 sè color

dì shí sì kè tā jīn tiān chuān shén me
第十四课 他今天穿什么？

dì shí sì kè tā jīn tiān chuān shén me
第十四课 他今天穿什么？

dì shí sì kè tā jīn tiān chuān shén me

第十四课 他今天穿什么？

shì shì kàn 试试看 Challenge

爸爸喜欢白色和黑色。他喜欢穿白上衣和黑裤子，他不喜欢穿西装。

妈妈喜欢绿色，她的上衣是绿色，裙子也是绿色。

哥哥喜欢黑色，他的书包是黑色，他的鞋子也是黑色。

妹妹喜欢红色，她有很多红色的裙子和裤子，她今天穿红短裤上学。

dú yì dú 读一读

我的姐姐爱白色，白衣白裙白鞋子；
我的妹妹爱红色，红色上衣红裙子；
我的哥哥爱蓝色，天天都穿蓝裤子；
我的弟弟爱黄色，爱吃香蕉和橘子。

dì shí sì kè 第十四课 tā jīn tiān chuān shén me 他今天穿什么？

jù xíng 句型

他今天穿什么？
What is he wearing today?

他今天穿白上衣和蓝裤子。
He is wearing a white top and blue pants today.

她今天穿什么？
What is she wearing today?

她今天穿红裙子，
她喜欢红色。
She is wearing a red skirt today. She likes red.

你喜欢什么颜色的上衣？
Which color tops do you like?

我喜欢白色的上衣，
我不喜欢黑色的上衣。
I like white tops.
I do not like black tops.

你明天穿裙子上学吗？
Will you wear a skirt to school tomorrow?

不，我明天想穿短裤上学。
No, I want to wear shorts to school tomorrow.

jù xíng liàn xí 句型练习

你今天穿短裤吗？

明天、裙子 → ________________?

上学、白上衣 → ________________?

想、黑鞋子 → ________________?

喜欢、短裙 → ________________?

dì shí sì kè tā jīn tiān chuān shén me

第十四课 他今天穿什么?

jù xíng liàn xí

句型练习

姐姐喜欢穿白上衣。

妹妹、黑 → ________________。

哥哥、绿 → ________________。

王大中、黄 → ________________。

我、红 → ________________。

你想不想吃葡萄?

他、穿黑西装 → ________________?

王老师、喝咖啡 → ________________?

王小文、学中文 → ________________?

你弟弟、吃冰淇淋 → ________________?

你喜欢吃什么?

他、喝 → ________________?

李校长、穿 → ________________?

rèn dú zì cí
认读字词

穿	chuān	to wear
西装	xī zhuāng	suit
衣	yī	clothes
裙子	qún zi	skirt
上衣	shàng yī	top
裤子	kù zi	trousers, pants
短裤	duǎn kù	shorts
鞋子	xié zi	shoes

xí xiě zì
习写字

穿 chuān to wear
丶 丷 宀 宂 宊 穴 穵 穸 穿

西 xī west
一 丆 丙 丙 两 西

衣 yī clothes
丶 亠 亣 衣 衣 衣

子 zǐ son; [a noun suffix]
乛 了 子

dì shí wǔ kè　tā de yǎn jing hěn dà

第十五课　她的眼睛很大

dì shí wǔ kè tā de yǎn jing hěn dà

第十五课 她的眼睛很大

dì shí wǔ kè tā de yǎn jing hěn dà

第十五课 她的眼睛很大

dì shí wǔ kè tā de yǎn jing hěn dà

第十五课 她的眼睛很大

shì shì kàn

试试看 Challenge

我的妹妹叫玛丽，她今年六岁，上大华小学。她有长长的头发，大大的眼睛，小小的鼻子和红红的嘴巴。她喜欢穿红色的裙子，红色的鞋子。她天天快快乐乐上学。爸爸妈妈爱她，我也爱她，妹妹也爱我们。

dú yì dú

读一读

一大一小，一长一短，
大大小小，长长短短，
一黑一白，一红一绿，
黑黑白白，红红绿绿。

dì shí wǔ kè tā de yǎn jing hěn dà
第十五课 她的眼睛很大

jù xíng
句型

他的头发很长。
His hair is very long.

白玛丽的中文很好。
BAI Mali's Chinese is very good.

校长的家很大。
The principal's house is very big.

你的头发长不长？
Is your hair long?

他的裤子也很长。
His pants are also very long.

白大卫的中文也很好。
BAI Dawei's Chinese is also very good.

这个公园也很大。
This park is also very big.

我的头发不长。
My hair is not long.

jù xíng liàn xí
句型练习

我的裙子在哪里？

书包 → ______________________？

上衣 → ______________________？

鞋子 → ______________________？

妈妈 → ______________________？

dì shí wǔ kè　tā de yǎn jing hěn dà
第十五课　她的眼睛很大

jù xíng liàn xí
句型练习

谁的鼻子大？

中文、好 → ____________________？

眼睛、大 → ____________________？

嘴巴、小 → ____________________？

水果、多 → ____________________？

他的眼睛很大。

裤子、很长 → ____________________。

学校、很大 → ____________________。

头发、很短 → ____________________。

眼睛、很黑 → ____________________。

你的学校大不大？

裙子、长 → ____________________？

中文、好 → ____________________？

汉堡包、好吃 → ____________________？

头发、短 → ____________________？

dì shí wǔ kè tā de yǎn jing hěn dà
第十五课 她的眼睛很大

rèn dú zì cí
认读字词

头发	tóu fa	hair
长	cháng	long
眼睛	yǎn jing	eyes
大	dà	big
鼻子	bí zi	nose
小	xiǎo	small
嘴巴(口)	zuǐ ba (kǒu)	mouth
短	duǎn	short
耳朵	ěr duo	ears

xí xiě zì
习写字

头 tóu head

耳 ěr ears

朵 duǒ [a measure word]

鼻 bí nose

dì shí liù kè wǒ xǐ huān yùn dòng
第十六课 我喜欢运动

dì shí liù kè　wǒ xǐ huān yùn dòng

第十六课　我喜欢运动

dì shí liù kè　　wǒ xǐ huān yùn dòng

第十六课　我喜欢运动

shì shì kàn
试试看 Challenge

这是我的同学王小文，她是加拿大人，她今年十岁，生日是八月九日。她来中国五年了，她的中文很好。

她有长长的头发，是黄色的；大大的眼睛，是蓝色的；她有红红的嘴巴，喜欢吃冰淇淋。她喜欢红色和白色，她穿白上衣、红短裤上学。

她家有三个人，爸爸、妈妈和她，他们住在公园路，她天天骑车上学。

她很喜欢运动，她最喜欢打乒乓球和篮球，她不会打冰球。她很好，我很喜欢她。

dì shí liù kè wǒ xǐ huān yùn dòng
第十六课 我喜欢运动

dú yì dú
读一读

pí
小皮球，香蕉梨，
mǎn dì kāi huā
满地开花二十一，
二五六，二五七，二八二九三十一，
三五六，三五七，三八三九四十一，
四五六，四五七，四八四九五十一，
五五六，五五七，五八五九六十一，
……

jù xíng
句型

你喜欢什么运动？ What sports do you like?	我喜欢游泳。我喜欢打球。 I like to swim. I like to play ball.
你最喜欢什么运动？ What sport do you like the most?	我最喜欢游泳。游泳最好。 我最喜欢骑车， 骑车是很好的运动。 I like to swim the most. Swimming is the best sport. I like to ride bikes the most. Cycling is good exercise.
你喜欢不喜欢打篮球？ Do you like to play basketball?	我不喜欢打篮球， 我喜欢打乒乓球。 I do not like to play basketball. I like to play table tennis.

jù xíng
句型

你会不会打冰球? Do you know how to play ice hockey?	我不会打冰球, 我会打篮球。 I do not know how to play ice hockey. I know how to play basketball.

jù xíng liàn xí
句型练习

你会不会打球?

喝、果汁 → ______________________?

吃、汉堡包 → ______________________?

喜欢、黑色 → ______________________?

想、吃冰淇淋 → ______________________?

你最喜欢什么水果?

书 → ______________________?

运动 → ______________________?

果汁 → ______________________?

颜色 → ______________________?

dì shí liù kè 第十六课　wǒ xǐ huān yùn dòng 我喜欢运动

jù xíng liàn xí 句型练习

她的中文最好。

裤子、长 → ________________。

裙子、短 → ________________。

头发、黑 → ________________。

学校、大 → ________________。

什么水果最好吃？

果汁、好喝 → ________________？

东西、大 → ________________？

汉堡包、好吃 → ________________？

颜色、好 → ________________？

rèn dú zì cí 认读字词

游泳	yóu yǒng	swimming, to swim
自行车	zì xíng chē	bicycle
篮球	lán qiú	basketball
足球	zú qiú	football, soccer
网球	wǎng qiú	tennis
乒乓球	pīng pāng qiú	table tennis
冰球	bīng qiú	ice hockey
跑步	pǎo bù	to run, jog
运动	yùn dòng	sport, exercise
骑车	qí chē	cycling, to ride a bike
打	dǎ	to play

rèn dú zì cí
认读字词

打篮球	dǎ lán qiú	to play basketball
踢	tī	to kick
踢足球	tī zú qiú	to play football (soccer)
最	zuì	most
会	huì	can, be able to
打网球	dǎ wǎng qiú	to play tennis
会不会	huì bú huì	can or can not
不会	bú huì	cannot, unable to
打乒乓球	dǎ pīng pāng qiú	to play table tennis
打冰球	dǎ bīng qiú	to play ice hockey

xí xiě zì
习写字

最 zuì most
丨 冂 日 日 旦 早 早 早 早 早 最 最

打 dǎ to play
一 十 扌 扌 打

球 qiú ball
一 二 千 王 王 玗 玗 玗 球 球 球

冰 bīng ice
丶 冫 冫 冫 冰 冰

会 huì can, be able to
丿 人 亼 会 会 会

dì shí qī kè kě ài de xiǎo dòng wù

第十七课 可爱的小动物

dì shí qī kè kě ài de xiǎo dòng wù

第十七课 可爱的小动物

dì shí qī kè kě ài de xiǎo dòng wù
第十七课 可爱的小动物

dì shí qī kè kě ài de xiǎo dòng wù
第十七课 可爱的小动物

shì shì kàn
试试看 Challenge

我家的小动物

我家有一只白色的狗，名字叫可可，可可有长长的耳朵；我家也有一只黑色的猫，名字叫乐乐，乐乐有蓝蓝的眼睛。可可和乐乐很喜欢球。我打乒乓球，他们会叫，他们也想打。他们很可爱，我很爱我家的小动物。

dú yì dú
读一读

小鱼，小鱼水中游；小狗，小狗路上跑；

小鸟，小鸟天上飞 fēi (fly)；星星，星星天上看。

jù xíng
…有什么… 句型

你家有什么小动物？ What kinds of pets do you have?	我家有一只狗。 I have a dog. 我家没有小动物。 I don't have any pets.

jù xíng
句型

…有什么…

白大卫家有什么小动物？ What kinds of pets does BAI Dawei have?	他家有四只鸟和两条鱼。 He has four birds and two fish. 他家没有小动物。 He doesn't have pets.
大中家有什么人？ Who is there in Dazhong's family?	他家有爸爸，妈妈，哥哥和弟弟。 There are his father, mother, elder brother and younger brother in his family.

…有没有…

你家有没有鱼？ Do you have fish?	我家有鱼，我家有三条鱼。 I have fish, I have three fish.
杜校长家有没有猫？ Does Principal DU have a cat?	校长家没有猫。 The principal doesn't have a cat.
有没有人在家？ Is anybody home?	没有人在家。 Nobody is home.

jù xíng liàn xí
句型练习

你家有什么小动物？

他、书 → ________________?

你、好吃的东西 → ________________?

妹妹、颜色的裙子 → ________________?

你家、人 → ________________?

jù xíng liàn xí
句型练习

你家有没有小狗？

楼上、人 → ______________________？

你、中文名字 → ______________________？

妹妹、白上衣 → ______________________？

你、小猫 → ______________________？

你喜欢什么小动物？

喜欢、运动 → ______________________？

喝、果汁 → ______________________？

上、学校 → ______________________？

喜欢穿、颜色的上衣 → ______________________？

小猫很可爱。

果汁、好喝 → ______________________。

他家、大 → ______________________。

学生、多 → ______________________。

她的头发、短 → ______________________。

dì shí qī kè　kě ài de xiǎo dòng wù
第十七课　可爱的小动物

rèn dú zì cí
认读字词

可爱	kě ài	lovely, cute
只	zhī	[a measure word for some animals]
鸟	niǎo	bird
条	tiáo	[a measure word for long, narrow objects]
鱼	yú	fish
猫	māo	cat
狗	gǒu	dog
动物	dòng wù	pet, animal
有没有	yǒu méi yǒu	to have or have not
没有	méi yǒu	to not have

xí xiě zì
习写字

可 kě can, but

一 丁 丆 丆 可

爱 ài to love

爱 (stroke order)

只 zhī [a measure word for some animals]

丨 冂 口 尸 只

没 méi no, without

丶 冫 氵 氵 沪 没 没

dì shí bā kè wǒ men zuò xiào chē qù shàng xué

第十八课 我们坐校车去上学

dì shí bā kè wǒ men zuò xiào chē qù shàng xué

第十八课 我们坐校车去上学

dì shí bā kè wǒ men zuò xiào chē qù shàng xué

第十八课 我们坐校车去上学

dì shí bā kè wǒ men zuò xiào chē qù shàng xué

第十八课 我们坐校车去上学

shì shi kàn

试试看 Challenge

我是大华小学的学生。我的学校很大，学校里有很多教室，也有很多老师和学生。

我和姐姐天天坐校车去上学。学校的老师，有的坐公车来学校，有的开车来学校，也有的老师坐火车来学校。没有人坐飞机来上学，也没有人坐船来上学。

我家没有车，我喜欢骑车去公园。公园里有小动物，我最喜欢公园里的小鸟，飞来飞去，很可爱。

我家有蓝色的车和白色的车。蓝色的车大，爸爸开蓝色的车。白色的车小，妈妈开白色的车。昨天我们开蓝色的大车去公园，爸爸喜欢开快车，妈妈不喜欢他开快车。你家的车是什么颜色？你爸爸喜欢开快车吗？

dú yì dú

读一读

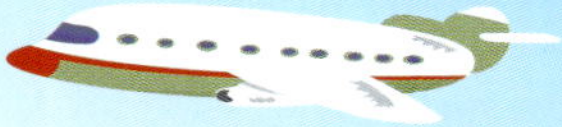

火车快开，快快开，
开到我家看妈妈；
飞机快飞，快快飞，
飞到天上看星星。

jù xíng 句型

…坐…去

你坐什么车去？ How do you get there?	我坐校车去。 I take the school bus there. 我坐火车去。 I take the train there.

…去…

你开车去哪里？ Where will you drive?	我开车去公园。 I will drive to the park.
你骑车去哪里？ Where will you ride your bike?	我骑车去他家。 I will ride my bike to his house.
你去哪里？ Where are you going?	我去学校。 I am going to school.

来…/在…/去…　　骑…/开…/坐…

她来中国五年了。 She came to China five years ago.	他天天骑车上学。 He rides his bicycle to school every day.
她在中国五年了。 She has been in China for five years.	他天天开车上学。 He drives to school every day.
她去中国五年了。 She went to China five years ago.	他天天坐车上学。 He takes the bus to school every day.

jù xíng liàn xí 句型练习

我们坐校车去学校。

火车、公园 → ______________________。

公车、他家 → ______________________。

出租车、校长家 → ______________________。

jù xíng liàn xí
句型练习

你们坐什么车?

开、车 → ______?

吃、水果 → ______?

喝、果汁 → ______?

喜欢、颜色 → ______?

什么车最快?

颜色、好 → ______?

水果、好吃 → ______?

公园、大 → ______?

火车快不快?

飞机 → ______?

骑车 → ______?

船 → ______?

dì shí bā kè 第十八课 wǒ men zuò xiào chē qù shàng xué 我们坐校车去上学

rèn dú zì cí 认读字词

船	chuán	ship, boat
公车	gōng chē	bus
坐车	zuò chē	to ride, take a car
坐	zuò	to take
飞机	fēi jī	airplane
去	qù	to go
我们	wǒ men	we, us
火车	huǒ chē	train
动物园	dòng wù yuán	zoo
开车	kāi chē	to drive a car
校车	xiào chē	school bus
上学	shàng xué	to go to school
出租车	chū zū chē	taxi, cab

xí xiě zì 习写字

来 lái to come
一 ㇀ ⺍ 平 来 来 来

去 qù to go
一 十 土 去 去

出 chū to exit
㇄ 凵 中 出 出

坐 zuò to sit
丿 人 㐅 从 丛 坐 坐

dì shí jiǔ kè 第十九课 zěn me zǒu 怎么走？

dì shí jiǔ kè zěn me zǒu
第十九课 怎么走？

dì shí jiǔ kè zěn me zǒu
第十九课 怎么走？

shì shì kàn
试试看 Challenge

我和王大中到学校打篮球。我们的学校很大，有很多学生在那里踢足球。有的穿白衣黑裤，有的穿蓝衣白裤。

我和王大中都喜欢吃冰淇淋，他喜欢吃草莓冰淇淋，我喜欢吃香草冰淇淋，冰淇淋很好吃。

我们都喜欢运动，我们星期一打篮球，星期二到公园骑车，星期三学游泳，星期四踢足球，星期五他到我家打乒乓球，星期六我们打网球。

dú yì dú
读一读

来来来，来坐车；
去去去，去上学；
左转转，右转转，
我的学校在哪里？

来来来，来坐车；
去去去，去上学；
左转转，右转转，
我的学校在这里。

jù xíng
句型

去…怎么走？

去大华小学怎么走？ How do I get to Dahua Elementary School?	一直走，左转就到了。 Go straight, turn left and you're there.
去李老师家怎么走？ How do I get to Teacher LI's house?	一直走，到第三个路口，右转就到了。 Go straight, turn right at the third intersection and you're there.
去动物园怎么走？ How do I get to the zoo?	往西走，到下一个路口，左转就到了。 Go west, turn left at the next intersection and you're there.

…怎么去…

你怎么去上学？ How do you go to school?	我坐校车去上学。 I go to school by school bus.
我们怎么去公园？ How do we get to the park?	我们骑车去公园。 We get to the park by bike.
王老师怎么去学校？ How does Teacher WANG get to school?	王老师开车去学校。 Teacher WANG gets to school by car.

jù xíng
句型

…到…

我们坐飞机到中国。
We go to China by airplane.
我骑车到你家。
I bike to your house.

…就是…

这就是我的学校。
This is my school.
他就是我的中文老师。
He is my Chinese teacher.
明天就是星期五。
Tomorrow is Friday.

jù xíng liàn xí
句型练习

我们怎么去公园？

他们、王小明家 → ____________________？
老师、他家 → ____________________？
我们、大华路 → ____________________？

jù xíng liàn xí
句型练习

请问，你叫什么名字？

喝、果汁 → ______________________？

吃、水果 → ______________________？

喜欢、颜色 → ______________________？

开、车 → ______________________？

我到公园打球。

白大卫、学校、踢足球 → ______________________。

王小文、我家、游泳 → ______________________。

星期一、星期五、上学 → ______________________。

他就是王大中。

这、大华小学 → ______________________。

那、我的学校 → ______________________。

白玛丽、我 → ______________________。

猫、我最喜欢的小动物 → ______________________。

dì shí jiǔ kè zěn me zǒu
第十九课 怎么走？

rèn dú zì cí
认读字词

请	qǐng	please
问	wèn	to ask
请问	qǐng wèn	Excuse me; Can you tell me?
怎么	zěn me	how
走	zǒu	to walk
一直	yì zhí	straight
往	wǎng	head to
东	dōng	east
到	dào	to arrive, reach
左	zuǒ	left
左转	zuǒ zhuǎn	to turn left
转	zhuǎn	to turn
就	jiù	then
怎么走	zěn me zǒu	which way (should I take?); How can I get there?
西	xī	west
第二	dì èr	the second
路口	lù kǒu	crossing, intersection
右	yòu	right
右转	yòu zhuǎn	to turn right

dì shí jiǔ kè 第十九课 zěn me zǒu 怎么走？

xí xiě zì 习写字

请 qǐng please

丶 讠 讠一 讠二 讠丰 讠丰 请
请 请 请

问 wèn to ask

丶 丨 门 门 问 问

怎 zěn how

丿 𠂉 乍 乍 乍 乍 怎
怎 怎

东 dōng east

一 七 车 东 东

dì èr shí kè duō shǎo qián
第二十课 多少钱？

dì èr shí kè duō shǎo qián

第二十课 多少钱？

dì èr shí kè duō shǎo qián
第二十课 多少钱？

shì shì kàn
试试看 Challenge

明天是星期六，我们要去买东西。爸爸想买一本书，妈妈想买一条裙子。我喜欢运动，天天打球，我的球鞋太小了，我想买白球鞋，我问妈妈明天可不可以买球鞋？妈妈要我下星期再买。爸爸的书不贵，妈妈的裙子太贵了，妈妈没有买，她想下星期再去买我的球鞋和她的裙子。

dú yì dú
读一读

一块，两块，三块钱，
三块可以买本书，
三块可以买条鱼，
三块可以买个汉堡包吃。

jù xíng
句型

…要…

你要买什么？ What do you want to buy?	我要买车。 I want to buy a car.
你要学什么？ What do you want to learn?	我要学中文。 I want to learn Chinese.

jù xíng
句型

…要不要…

你要不要买书？ Do you want to buy books?	我不要买书，我要买铅笔。 No, I don't. I want to buy pencils.
你要不要去？ Do you want to go there?	我今天不去，我想明天去。 I don't want to go today, I want to go tomorrow.

…可以…

我可以去吗？ Can I go there?	你不可以去，你太小了。 You cannot go, you are too young.
他可不可以去？ Can he go there?	他也不可以去，他太老了。 He cannot go, he is too old.

…多少钱？

这本书多少钱？ How much is this book?	这本书二十块钱。 This book is 20 dollars.
这条裙子多少钱？ How much is this skirt?	这条裙子五十五块钱。 This skirt is 55 dollars.

…太…

这条裙子太长了！
This skirt is too long!

这本书太贵了！
This book is too expensive!

jù xíng
句型

…好不好…

那条裙子好不好？
Is that skirt good or not?

那本书好不好？
Is that book good?

谢谢你。 Thank you.	不客气。 You are welcome.	不谢。 You're welcome.

jù xíng liàn xí
句型练习

我们可不可以吃包子？

他们、打篮球 → ____________________？

他哥哥、开车 → ____________________？

我明天、去公园 → ____________________？

王大中、来我家 → ____________________？

这条鱼多少钱？

那本书 → ____________________？

一条裙子 → ____________________？

一个苹果 → ____________________？

一条短裤 → ____________________？

jù xíng liàn xí
句型练习

这条裤子太长了！

这本书、贵 → ________________！

那条裙子、大 → ________________！

那个教室、黑 → ________________！

打球的人、多 → ________________！

你要吃什么？

他、喝 → ________________？

你哥哥、学 → ________________？

妈妈明天、买 → ________________？

你、问 → ________________？

rèn dú zì cí
认读字词

要	yào	to want
买	mǎi	to buy
本	běn	[a measure word for books]
多少	duō shǎo	how many, how much
钱	qián	money
多少钱	duō shǎo qián	How much? How much does it cost?

dì èr shí kè duō shǎo qián
第二十课 多少钱？

rèn dú zì cí
认读字词

块	kuài	[a measure word for various objects]
太	tài	too
贵	guì	expensive
可以	kě yǐ	OK, all right.
卖	mài	to sell
给	gěi	to give
吧	ba	[a grammatical word indicating a suggestion or a rhetorical question]
不客气	bú kè qi	you are welcome; don't mention it

xí xiě zì
习写字

少 shǎo few, little, less

丨 ⺍ 小 少

钱 qián money

丿 𠂉 ⺮ 乍 钅 钅 钅 钱 钱 钱

要 yào to want, need to

一 丆 丙 丙 覀 西 覀 要 要

买 mǎi to buy

乛 乛 ⺈ 三 买 买

dì èr shí yī kè　wǒ huì shuō huá yǔ

第二十一课　我会说华语

你好！

zhōng guó
中国

Hello!

yīng guó
英国

Bonjour!

fǎ guó
法国

¡Hola!

xī bān yá
西班牙

안녕！

hán guó
韩国

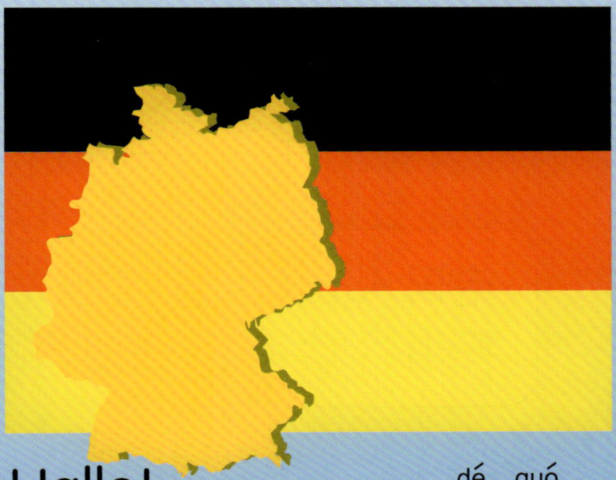

Hallo!

dé guó
德国

こんにちは！

rì běn
日本

dì èr shí yī kè 第二十一课　wǒ huì shuō huá yǔ 我会说华语

dì èr shí yī kè　wǒ huì shuō huá yǔ

第二十一课　我会说华语

kè wén

课文

péng you

　我有三个好朋友：白大卫、白玛丽和

shuō yīng yǔ

李大中。白大卫是美国人，他会说英语和

dé yǔ　yīng yǔ

德语。白玛丽是加拿大人，她会说英语和

fǎ yǔ　shuō hán yǔ　rì

法语。李大中是韩国人，他会说韩语、日

yǔ　xī bān yá　dōu　shuō　diǎn

语和西班牙语。他们都会说一点华语。我

shuō　xiě　zì

会说华语，也会写中国字。

dì èr shí yī kè 第二十一课　wǒ huì shuō huá yǔ 我会说华语

shì shì kàn 试试看 Challenge

一二三，到美国，美国人人说英语；
一二三，到法国，法国人人说法语；
一二三，到日本，日本人人说日语；
一二三，到中国，中国人人说华语。

dú yì dú 读一读

一个星期有多少天？
一年有多少个星期？
你的学校有多少学生？
你的学校有多少老师？
你一天吃多少水果？
你有多少本书？
你有多少白色的上衣？蓝色的裤子？黑色的鞋子？

jù xíng 句型

…会…

他会说英语和西班牙语。 He can speak English and Spanish.	他会不会说法语？ Can he speak French? 他不会说法语。 He cannot speak French.

jù xíng 句型

…想…

王小姐想买上衣和裙子。 Miss WANG wants to buy a top and a skirt.	我想买铅笔和橡皮。 I want to buy pencils and erasers.

…喜欢…

我们都喜欢打乒乓球和篮球。 We all like to play table tennis and basketball.	他不喜欢打乒乓球和篮球，他喜欢游泳和骑车。 He doesn't like to play table tennis and basketball. He likes to swim and ride bicycles.

jù xíng liàn xí 句型练习

你会说英语吗？

他、法语 → ____________________？

你哥哥、西班牙语 → ____________________？

校长、华语 → ____________________？

王大中、一点华语 → ____________________？

我们都是大华小学的学生。

他们、好学生 → ____________________。

裤子和裙子、我的 → ____________________。

苹果和橘子、水果 → ____________________。

大卫和玛丽、美国人 → ____________________。

jù xíng liàn xí
句型练习

你想学什么？

想、说 → ______________________________？

想、喝 → ______________________________？

要、买 → ______________________________？

要、问 → ______________________________？

你要吃什么？

他、喝 → ______________________________？

你哥哥、学 → ______________________________？

妈妈明天、买 → ______________________________？

你、问 → ______________________________？

rèn dú zì cí
认读字词

文	wén	written language
西班牙	xī bān yá	Spain
说	shuō	to speak
西班牙语	xī bān yá yǔ	Spanish (spoken)
读	dú	to read
西班牙文	xī bān yá wén	Spanish (written)
法语	fǎ yǔ	French (spoken)
法文	fǎ wén	French (written)
日语	rì yǔ	Japanese (spoken)
日文	rì wén	Japanese (written)

dì èr shí yī kè 第二十一课　wǒ huì shuō huá yǔ 我会说华语

rèn dú zì cí 认读字词

韩国	hán guó	Korea
韩语	hán yǔ	Korean (spoken)
韩文	hán wén	Korean (written)
英语	yīng yǔ	English (spoken)
英文	yīng wén	English (written)
华语	huá yǔ	Chinese (spoken)
中文	zhōng wén	Chinese (written)
一点点	yì diǎn diǎn	a little bit
朋友	péng you	friend
德语	dé yǔ	German (spoken)
语	yǔ	spoken language
都	dōu	both, all
一点	yì diǎn	a little bit
写	xiě	to write
字	zì	word

xí xiě zì 习写字

文 wén written language
丶 亠 亣 文

说 shuō to speak
丶 讠 讠 讠 讠 讠 讠 讠 说

点 diǎn dot; a little bit
丨 卜 ⺊ 占 占 占 点 点 点

dì èr shí èr kè jīn tiān tiān qì hěn hǎo
第二十二课 今天天气很好

dì èr shí èr kè jīn tiān tiān qì hěn hǎo

第二十二课 今天天气很好

qì yàng

今天天气怎么样?

qì qíng

今天天气很好。今天是晴天。

qì

昨天天气好吗?

yīn wǔ xià yǔ

昨天是阴天,上午下雨了。

qì yàng

明天天气怎么样?

qì xià wǔ guā fēng

明天天气也不好,下午会刮大风。

hòu qì yàng

后天天气怎么样?

hòu lěng wǎn xià xuě

后天很冷,晚上会下雪。

dì èr shí èr kè　jīn tiān tiān qì hěn hǎo

第二十二课　今天天气很好

shì shì kàn

试试看 Challenge

今天是星期日，天气很好，是个大晴天。蓝蓝的天，没有风，大家都到公园里运动。有人打球，有人骑车。有人吃水果，有人吃冰淇淋。大家都喜欢晴天。

dú yì dú

读一读

天气好，是晴天，
没有风，没有雨，大家都喜欢。
天气阴，要下雨，
也有风，也会冷，大家不喜欢。
昨天下雨，今天刮风，
明天天晴，转来转去，天天不同。

下雨了，下雨了，小鱼游来游去很快乐，
下雨了，下雨了，小鸟飞来飞去快快躲 duǒ (hide)，
下雨了，下雨了，小弟转来转去叫妈妈。
下雪了，下雪了，打雪球，你白我白大家白。

shì shì kàn
试试看 Challenge

今天是十二月九日，星期二。上午是阴天，下午会刮大风，很冷。明天也是阴天，会下大雪。老师说，下大雪，可以不上学。

jù xíng
句型

…怎么样？

今天天气怎么样？ How is the weather today?	今天天气很好。 The weather is very good today.
昨天天气怎么样？ How was the weather yesterday?	昨天是阴天，上午刮大风了。 Yesterday was cloudy, it was very windy in the morning.
明天天气怎么样？ How will the weather be tomorrow?	明天天气很冷，晚上会下雪。 It is going to be cold, it will snow at night.

…了！

下雨了！ It's raining!	写好了！ I wrote it!	我饿了！ I am hungry!
下雪了！ It's snowing!	鸟飞了！ The bird flies!	我渴了！ I am thirsty!
刮风了！ The wind is blowing!	太快了！ Too fast!	快好了！ It will be done soon!
没有了！ I don't have any more!	快到了！ Arriving soon!	太黑了！ Too dark!

jù xíng liàn xí
句型练习

明天会下雨吗？

他、来 → ______？

李大中、说华语 → ______？

白玛丽、去打球 → ______？

太黑了！

长 → ______！

多 → ______！

快 → ______！

下午会不会下雪？

明天、很冷 → ______？

你、骑车 → ______？

王老师、开车 → ______？

今天天气怎么样？

我穿白上衣 → ______？

小文的英语 → ______？

我们开车去 → ______？

rèn dú zì cí
认读字词

天气	tiān qì	weather
怎么样	zěn me yàng	how is it
晴天	qíng tiān	sunny, fine weather
阴天	yīn tiān	cloudy, overcast
上午	shàng wǔ	morning
雨	yǔ	rain
下雨	xià yǔ	raining
下午	xià wǔ	afternoon
刮风	guā fēng	windy
风	fēng	wind
后天	hòu tiān	the day after tomorrow
冷	lěng	cold
晚上	wǎn shang	evening, at night
雪	xuě	snow
下雪	xià xuě	snowing

xí xiě zì
习写字

雨 yǔ rain: 一 丅 门 币 币 雨 雨 雨

风 fēng wind: 丿 几 风 风

午 wǔ noon: 丿 𠂉 ⺧ 午

阴 yīn cloudy: 阝 阝 阴 阴 阴 阴

耳朵
嘴巴
眼睛
脖子
鼻子
尾巴
身体

第二十三课 什么动物鼻子长？

kè wén

课文

xiàng xiàng cháng
什么动物鼻子长？大象，大象，鼻子长。

tù zi tù zi
什么动物耳朵长？兔子，兔子，耳朵长。

bó zi jǐng lù jǐng lù
什么动物脖子长？长颈鹿，长颈鹿，

bó zi
脖子长。

shēn tǐ shé shé shēn tǐ
什么动物身体长？蛇，蛇，身体长。

wěi ba hóu zi hóu zi wěi ba
什么动物尾巴长？猴子，猴子，尾巴长。

dì èr shí sān kè shén me dòng wù bí zi cháng

第二十三课 什么动物鼻子长？

shì shì kàn 试试看 Challenge

大象的鼻子很长，耳朵很大，大象是身体最大的动物。大象吃很多东西，大象走不快，大象是我们的好朋友。

dú yì dú 读一读

我有十个好朋友，
五个在左，五个在右。
我有十个好朋友，
他们不吃，他们不喝。
我有十个好朋友，
他们不说话，他们会做（zuò）事（shì）。

生词： New Words
做事： do things

ér gē 儿歌

小白兔，小白兔，两只眼睛红又红，
跳（tiào）来跳去真可爱。
小鱼儿，小鱼儿，一条尾巴长又长，
游来游去真快乐。
小妹妹，小妹妹，一个小嘴红又红，
会说会唱（chàng）真可爱。

生词： New Words 跳： to jump 唱： to sing

dì èr shí sān kè shén me dòng wù bí zi cháng

第二十三课 什么动物鼻子长？

jù xíng liàn xí

句型练习

什么动物脖子长？

水果、最好吃 → ______________________？

人、眼睛黑 → ______________________？

人、头发黄 → ______________________？

他的嘴巴大。

脖子、长 → ______________________。

中文、好 → ______________________。

弟弟、小 → ______________________。

动物园有多少只动物？

大华小学、个、学生 → ______________________？

大卫家、条、鱼 → ______________________？

桌上、本、书 → ______________________？

dú yì dú

读一读

小明，小明，小小明，
上上下下，左左右右，
前前后后，转一转，动一动，
我会跳跳跳。

dì èr shí sān kè 第二十三课　shén me dòng wù bí zi cháng 什么动物鼻子长？

rèn dú zì cí 认读字词

大象	dà xiàng	elephant
兔子	tù zi	rabbit
脖子	bó zi	neck
长颈鹿	cháng jǐng lù	giraffe
身体	shēn tǐ	body
蛇	shé	snake
尾巴	wěi ba	tail
猴子	hóu zi	monkey

xí xiě zì 习写字

动 dòng to move
一 二 云 云 动 动

物 wù object
丿 𠂉 牛 牛 牜 牞 物 物

尾 wěi tail
𠃍 コ 尸 尸 尸 尸 尾

长 cháng long
丿 𠃋 长 长

dì èr shí sì kè bǐ yì bǐ

第二十四课 比一比

dì èr shí sì kè bǐ yì bǐ
第二十四课 比一比

bǐ gāo
姐姐比妹妹高。

bǐ ǎi
妹妹比姐姐矮。

bǐ pàng
李校长比王老师胖。

bǐ shòu
王老师比李校长瘦。

bǐ kuài
飞机比火车快。

bǐ màn
火车比飞机慢。

bǐ
白玛丽的头发比白大卫的头发长。

bǐ
白大卫的头发比白玛丽的头发短。

bǐ duō
王小文的水果比李大中的水果多。

bǐ shǎo
李大中的水果比王小文的水果少。

dì èr shí sì kè bǐ yì bǐ
第二十四课 比一比

dú yì dú
读一读

我的哥哥今年十五岁，我今年九岁，弟弟四岁。哥哥比我大，我比弟弟大，弟弟最小。哥哥有很多朋友。我的朋友比哥哥的朋友少，弟弟的朋友也比哥哥的朋友少。

我的姐姐十三岁，妹妹两岁。姐姐的头发比妹妹的头发长。姐姐比我高，我比妹妹高，妹妹最矮。姐姐比我瘦，妹妹也比我瘦，我最胖。

shì shì kàn
试试看 Challenge

铅笔长，橡皮短，
香蕉长，薯条短，
哪个长？哪个短？
快来比一比。

西瓜大，草莓小，
篮球大，网球小。
谁大谁小？
快来比一比。

比一比，说一说，
哪个长？哪个短？
哪个大？哪个小？
哪个快？哪个慢？

哪个高？哪个矮？
哪个胖？哪个瘦？
哪个多？哪个少？
哪个黑？哪个白？

dì èr shí sì kè bǐ yì bǐ
第二十四课 比一比

jù xíng
句型

…比…

李校长比王老师胖。 Principal LI is fatter than Teacher WANG.	王老师比李校长瘦。 Teacher WANG is thinner than Principal LI.
开车比骑车快。 Driving is faster than riding a bike.	骑车比开车慢。 Riding a bike is slower than driving.
大象的耳朵比兔子的耳朵大。 The elephant's ears are bigger than the rabbit's.	兔子的耳朵比大象的耳朵小。 The rabbit's ears are smaller than the elephant's.

jù xíng liàn xí
句型练习

火车比汽车快。

坐飞机、开车 → ______________________。

弟弟吃饭、我吃饭 → ______________________。

骑车、走路 → ______________________。

jù xíng liàn xí
句型练习

哥哥比我高，我比弟弟高，哥哥最高。

坐飞机、开车、骑车、快

→ ____________________。

葡萄、苹果、西瓜、小

→ ____________________。

二十个、十个、三个、多

→ ____________________。

猴子的尾巴比兔子的尾巴长。

大象、猴子、耳朵、大

→ ____________________。

长颈鹿、狗、脖子、长

→ ____________________。

我、妹妹、中文、好

→ ____________________。

dì èr shí sì kè bǐ yì bǐ
第二十四课 比一比

rèn dú zì cí
认读字词

比一比	bǐ yì bǐ	to compare
比	bǐ	compared to
高	gāo	high, tall
矮	ǎi	short
胖	pàng	fat
瘦	shòu	thin, lean
快	kuài	fast
慢	màn	slow
少	shǎo	less

xí xiě zì
习写字

快	kuài fast	丶 丷 忄 忄⺈ 忄コ 怏 快
比	bǐ to compare	一 ⺊ ⺊𠃋 比
朋	péng friend	丿 刀 月 月 月丿 朋 朋 朋
友	yǒu friend	一 ナ 方 友

索引 INDEX

F	法文	fǎ wén	French (written)	21
	法语	fǎ yǔ	French (spoken)	21
	飞机	fēi jī	airplane	18
	风	fēng	wind	22
G	高	gāo	high, tall	24
	给	gěi	to give	20
	公车	gōng chē	bus	18
	狗	gǒu	dog	17
	刮风	guā fēng	windy	22
	贵	guì	expensive	20
H	韩国	hán guó	Korea	21
	韩文	hán wén	Korean (written)	21
	韩语	hán yǔ	Korean (spoken)	21
	黑	hēi	black	13
	红	hóng	red	13
	猴子	hóu zi	monkey	23
	后天	hòu tiān	the day after tomorrow	22
	华语	huá yǔ	Chinese (spoken)	21
	黄	huáng	yellow	13
	会	huì	can, be able to	16
	会不会	huì bú huì	can or can not	16
	火车	huǒ chē	train	18
J	就	jiù	then	19
K	咖啡色	kā fēi sè	brown	13
	开车	kāi chē	to drive a car	18
	可爱	kě ài	lovely, cute	17
	可以	kě yǐ	OK, all right	20
	裤子	kù zi	trousers, pants	14
	快	kuài	fast	24
	块	kuài	[measure word for various objects]	20
L	篮球	lán qiú	basketball	16
	蓝	lán	blue	13
	冷	lěng	cold	22
	路口	lù kǒu	crossing, intersection	19
	绿	lǜ	green	13
M	买	mǎi	to buy	20
	卖	mài	to sell	20
	慢	màn	slow	24
	猫	māo	cat	17
	没有	méi yǒu	to not have	17
N	鸟	niǎo	bird	17
P	胖	pàng	fat	24
	跑步	pǎo bù	to run, jog	16

	朋友	péng you	friend	21
	乒乓球	pīng pāng qiú	table tennis	16
Q	骑车	qí chē	cycling, to ride a bike	16
	钱	qián	money	20
	晴天	qíng tiān	sunny, fine weather	22
	请问	qǐng wèn	Excuse me	19
	请	qǐng	please	19
	去	qù	to go	18
	裙子	qún zi	skirt	14
R	日文	rì wén	Japanese (written)	21
	日语	rì yǔ	Japanese (spoken)	21
S	色	sè	color	13
	上午	shàng wǔ	morning	22
	上学	shàng xué	to go to school	18
	上衣	shàng yī	top	14
	少	shǎo	less	24
	蛇	shé	snake	23
	身体	shēn tǐ	body	23
	瘦	shòu	thin, lean	24
	说	shuō	to speak	21
T	太	tài	too	20
	踢足球	tī zú qiú	to play football (soccer)	16
	踢	tī	to kick	16
	天气	tiān qì	weather	22
	条	tiáo	[a measure word for long, narrow objects]	17
	头发	tóu fa	hair	15
	兔子	tù zi	rabbit	23
W	晚上	wǎn shang	evening, at night	22
	网球	wǎng qiú	tennis	16
	往	wǎng	head to	19
	尾巴	wěi ba	tail	23
	文	wén	written language	21
	问	wèn	to ask	19
	我们	wǒ men	we, us	18
X	西班牙文	xī bān yá wén	Spanish (written)	21
	西班牙语	xī bān yá yǔ	Spanish (spoken)	21
	西班牙	xī bān yá	Spain	21
	西装	xī zhuāng	suit	14
	西	xī	west	19
	下午	xià wǔ	afternoon	22
	下雪	xià xuě	snowing	22
	下雨	xià yǔ	raining	22
	小	xiǎo	small	15

	校车	xiào chē	school bus	18
	鞋子	xié zi	shoes	14
	写	xiě	to write	21
	雪	xuě	snow	22
Y	颜色	yán sè	color	13
	眼睛	yǎn jing	eyes	15
	要	yào	to want	20
	衣	yī	clothes	14
	一点点	yì diǎn diǎn	a little bit	21
	一点	yì diǎn	a little bit	21
	一直	yì zhí	straight	19
	阴天	yīn tiān	cloudy, overcast	22
	英文	yīng wén	English (written)	21
	英语	yīng yǔ	English (spoken)	21
	游泳	yóu yǒng	swimming, to swim	16
	有的	yǒu de	some	13
	有没有	yǒu méi yǒu	to have or have not	17
	右转	yòu zhuǎn	to turn right	19
	右	yòu	right	19
	鱼	yú	fish	17
	雨	yǔ	rain	22
	语	yǔ	spoken language	21
	运动	yùn dòng	sport, exercise	16
Z	怎么走	zěn me zǒu	which way (should I take?); How can I get there?	19
	怎么样	zěn me yàng	how is it	22
	怎么	zěn me	how	19
	只	zhī	[a measure word for some animals]	17
	中文	zhōng wén	Chinese (written)	21
	转	zhuǎn	to turn	19
	自行车	zì xíng chē	bicycle	16
	字	zì	word	21
	走	zǒu	to walk	19
	足球	zú qiú	soccer, football	16
	嘴巴(口)	zuǐ ba (kǒu)	mouth	15
	最	zuì	most	16
	左转	zuǒ zhuǎn	to turn left	19
	左	zuǒ	left	19
	坐车	zuò chē	to ride, take a car	18
	坐	zuò	to take	18